CONSTANZE GUHR

Die unglaublichen Meereswunder

TULIPAN VERLAG

Warst du schon mal am Meer? Das Meer ist blau, salzig und tief. Es gibt Wellen, die rauschen, Möwen, die kreischen, und Muscheln, die du sammeln kannst. Das Meer enthält aber noch viel mehr, was du vom Strand aus gar nicht sehen kannst.

Zwei Drittel unseres Planeten sind von Wasser bedeckt und darin leben die unglaublichsten Tiere, die man sich vorstellen kann. Pferde, Sterne, Gurken, Fische mit Laternen, Tiere, die sich Häuser suchen, Tiere, die Farbe verspritzen können, Schwämme und vieles mehr.

Am Strand findest du die Überreste von verschiedenen Tieren. Je nach Meer können das Muscheln, Fischgräten, Seesterne, Korallen oder Quallen sein. Und im Sand gibt es auch vieles, was noch lebt: Algen, Plankton, Krabben, Schnecken und Würmer.
Muscheln und Schnecken gehören zu den Weichtieren. Schnecken erkennt man vor allem an ihrem gedrehten Gehäuse, das aus Kalk und anderen Mineralien, die es im Meerwasser gibt, besteht.

Wusstest du, dass Sand meistens aus zerkleinerten, abgeschliffenen Steinen und den Überresten von Muschelstücken oder Tierskeletten besteht? Da waren Wellen und Wind am Werk.

Muscheln erkennst du daran, dass sie zwei Schalen haben. Manchmal ist eine Seite davon am Felsen festgewachsen. Zum Beispiel bei Austern. Sie kleben am Felsen und lassen Wasser durch sich durchfließen. Dabei filtern sie ihre Nahrung – kleinste Schwebeteilchen – heraus.

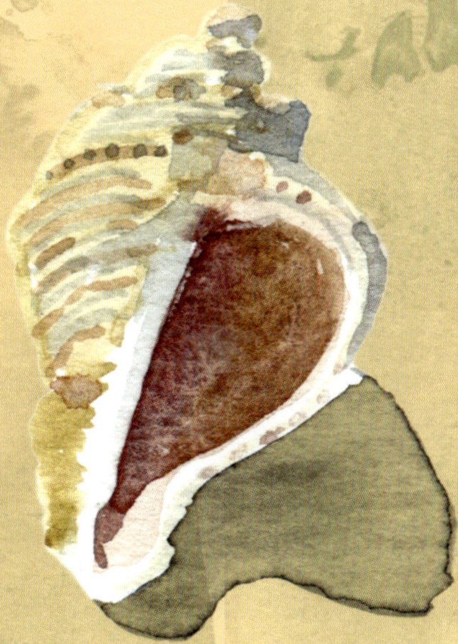

Manche Schnecken und Muscheln haben eine wunderschöne schillernde Innenseite aus Perlmutt, zum Beispiel das Seeohr.

Bestimmt hast du auch schon mal eine Qualle gesehen.
Quallen haben kein Gehirn oder Knochen, dafür aber ein hoch entwickeltes Nervensystem. Eine Qualle besteht so gut wie nur aus Wasser und ist fast vollständig mit Gallert umgeben. Das ist eine Art durchsichtiges Gelee. Die meisten Quallen haben Tentakel.
Das sind die Fangarme – feine Schnüre mit kleinen Nesselkapseln –, die Gift enthalten. Damit fangen sie ihre Beute und können sie betäuben oder sogar töten.
Du musst aber keine Angst vor den durchsichtigen Ostseequallen haben. Das sind meistens die harmlosen Ohrenquallen. Vorsicht ist an der Ostsee nur geboten, wenn die Quallen rot oder blau sind. Dann haben sie schmerzhafte Tentakel, sind aber zum Glück nicht giftig.

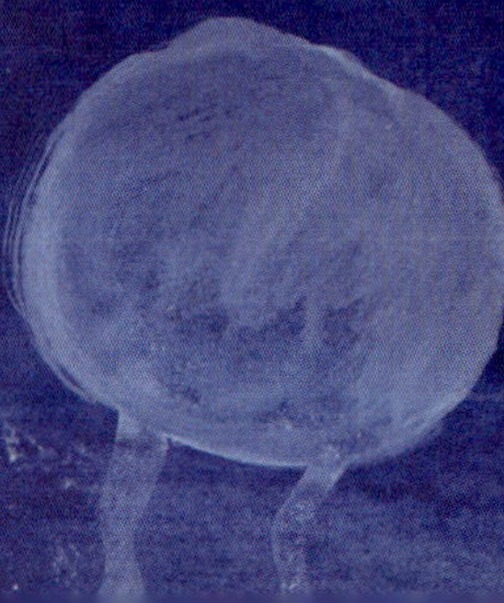

Es gibt Quallen, die bis zu zwei Meter Durchmesser haben können. Das ist doppelt so groß wie ein Regenschirm. Diese Feuerquallen haben Tentakel, die bis zu 36 Meter lang sein und bei Berührung sehr schmerzhafte »Verbrennungen« zufügen können.

Sind das Blumen, oder was?
Es gibt noch andere Nesseltiere neben den Quallen, und zwar die Blumentiere. Zum Beispiel Anemonen und Korallen. Das sind wirklich Tiere, auch wenn sie auf den ersten Blick wie Pflanzen aussehen. Anemonen können sich sogar fortbewegen. Ganz langsam kriechen sie umher. Korallen bleiben dagegen an einer Stelle und leben in Kolonien. Sie entwickeln aus sich heraus viele Verzweigungen und erinnern deshalb an kleine Bäume mit Blüten. Die Steinkorallen bilden mit der Zeit ein Skelett aus, weil sie Kalk einlagern, um stabiler zu sein. Dadurch entstehen die bekannten Korallenriffe.

Der Clownfisch arbeitet mit der Seeanemone zusammen. Er kann sich gut in ihr verstecken und gibt ihr dafür Futter und putzt für sie. Im Laufe der Zeit macht dem Clownfisch das Gift der Anemone nichts mehr aus, weil er eine Schutzschicht entwickelt.

Was machen denn Sterne, Igel, Gurken und Lilien im Meer? Alle diese Tiere gehören zu den Stachelhäutern und du erkennst sie daran, dass sie aus einem fünfstrahligen Grundgerüst bestehen und stachelige Haut haben. Sie sind schon seit Urzeiten auf der Erde und überall im Meer zu finden, vom Tiefseegraben bis zum Strand. Sie wurden sogar in einem versteinerten Meer in der Schweiz gefunden.

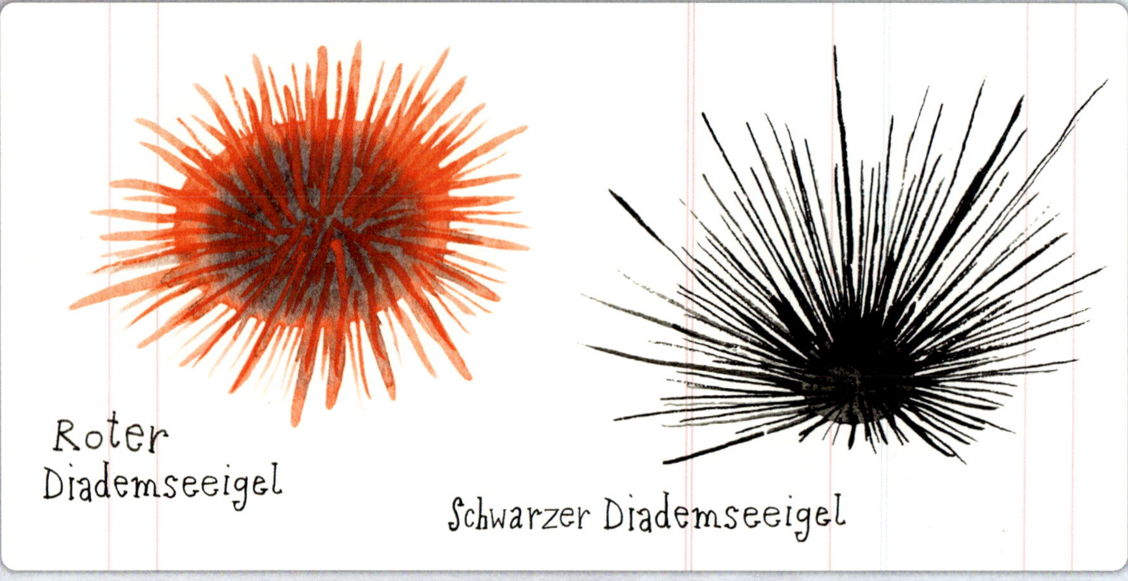

Wusstest du, dass es über 200 Arten von Seeigeln gibt, die sich mit ihren schützenden Stacheln fortbewegen?

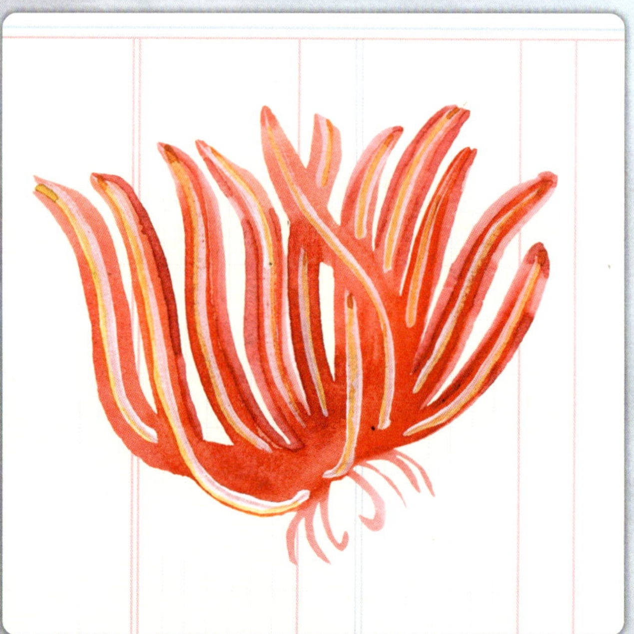

Seelilien haben fein gefiederte Fangarme, die wie Blumen aussehen. Damit filtern sie Nahrung aus dem Wasser.

Eisseestern

Polsterseestern

Fledermaus-
Seestern

Blutseestern

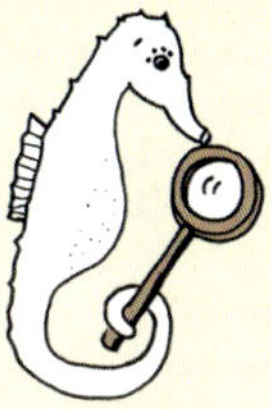

Wusstest du, dass Seesterne unzählige Füßchen haben, mit denen sie vorankommen? Sie jagen manchmal andere kleine Meeresbewohner.

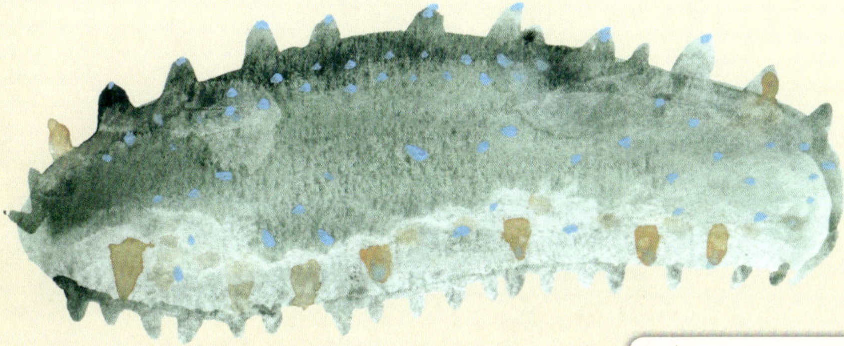

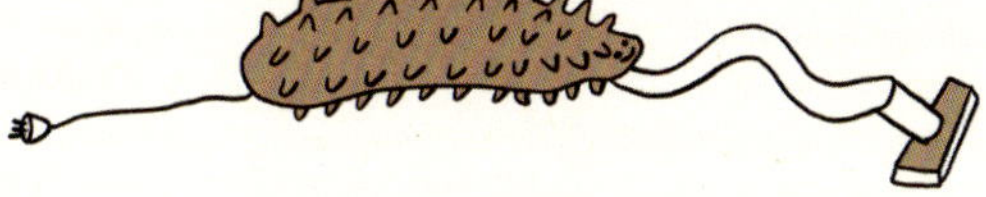

Seegurken kriechen über den Meeresboden und saugen wie ein Staubsauger Schlamm auf.

Manche Krebse bauen etwas an ihr Haus an, um sich noch mehr zu schützen.
Zum Beispiel eine Seeanemone, die mit ihren Tentakeln Feinde vertreiben kann.

Es gibt unglaublich viele Krebstiere: Garnelen, Krabben, Krill, Strandflöhe und noch mehr. Sie alle haben eine harte Schale aus Chitin, um sich vor Fressfeinden zu schützen.

Es gibt aber auch Krebse, bei denen sich die harte Schale am Hinterleib nicht entwickelt hat. Das sind die Einsiedlerkrebse. Sie haben einen weichen Teil, der ungeschützt ist. Diese Tiere haben sich aber etwas sehr Kluges ausgedacht. Sie suchen sich ein leeres Schneckenhaus und leben darin wie ein Einsiedler. Wenn das Haus zu klein wird, weil der Krebs gewachsen ist, sucht er sich einfach ein neues Schneckenhaus. Das alte Haus hängt dem Krebs dabei noch schützend um sein weiches Hinterteil.

Schildkröten haben zwar nicht ihr Haus dabei, aber etwas anderes bietet ihnen Sicherheit. Ihr Körper wird von einem festen Panzer geschützt. Meeresschildkröten leben fast immer unter Wasser. Sie können die Luft bis zu fünf Stunden anhalten. Zum Atmen müssen sie an die Oberfläche schwimmen, weil sie Lungen haben. Die Weibchen kommen einmal im Jahr zum Eierlegen an den Strand. Dabei schwimmen manche Arten Tausende von Kilometern zu ihrem Eiablageplatz.

Wenn die Schildkrötenbabys aus den Eiern geschlüpft sind, krabbeln sie ganz schnell ins Meer. Sehr viele von ihnen werden dabei leider von Möwen oder Raben gefressen oder laufen in die falsche Richtung.

Es gibt so viele Fische in den Meeren, mit den buntesten Mustern oder ungewöhnlichsten Flossen. Aber sind alle Tiere, die wie Fische aussehen oder Fisch heißen, auch wirklich welche?

Gepunkteter Igelfisch
Spätblauer Doktorfisch

Also, das Seepferdchen ist ein Fisch, aber ein ganz außergewöhnlicher. Es hat einen Kopf, der wie der eines Pferds aussieht, und eine Bauchtasche für die Eier. Seepferdchen schwimmen senkrecht und die Männchen bekommen die Babys. Während der Paarung umschlingen sich die Tiere mit ihren geringelten Schwänzen und tanzen.
Das Weibchen legt die Eier in der Bauchtasche des Männchens ab. Wenn die kleinen Seepferdchen schlüpfen, müssen sie gleich für sich selbst sorgen. Seepferdchen fressen Krebse, Garnelen und andere Tiere. Weil sie nicht so gut schwimmen können, tarnen sie sich zwischen Korallen oder Pflanzen. Sie warten dann, bis etwas zu essen vorbeischwimmt.

Das Seepferdchen hat keine Zähne und schlürft seine Nahrung. Kleine Seepferdchen essen bis zu 3500 Krebse am Tag.

Tintenfische gehören zu den klügsten Tieren der Ozeane. Sie sind aber keine Fische, sondern Kopffüßer und gehören wie die Muscheln zu den Weichtieren. Sie haben ein Gedächtnis und können lernen. Zu den Tintenfischen zählt neben dem Kalmar auch der Krake, der auch Oktopus genannt wird, weil er acht Arme hat. An den Armen sitzen ganz viele und sehr starke Saugnäpfe. Tintenfische sind unglaublich klug, sie können zur Tarnung die Farbe wechseln und Muster auf ihrer Haut erzeugen. Das passiert in rasender Geschwindigkeit.

Bei Gefahr stoßen sie eine dunkle Farbwolke aus. Dann können Feinde sie nicht mehr sehen.

Wusstest du, dass der Oktopus mit den Saugnäpfen Gewichte heben und auch seine Nahrung schmecken kann? Nahrung gibt er von einem Saugnapf zum nächsten bis in sein Maul. Und natürlich saugt er sich an allem fest.

Wale und Delfine sehen zwar so aus wie Fische, sind aber Säugetiere. Das bedeutet, sie gebären ihre Kinder lebend und geben ihnen Milch zu trinken. Der Blauwal kann mehr als 50 000 Liter Wasser auf einmal ins Maul nehmen. Er ist das größte und schwerste Tier der Erde und kann bis zu 33 Meter lang und 200 Tonnen schwer werden. Das größte Tier ernährt sich von den kleinsten Tieren des Meeres, dem Krill. An manchen Tagen frisst ein Wal bis zu vier Tonnen von diesen Minikrebsen.
Damit Wale im Wasser nicht frieren, haben sie eine sehr dicke Fettschicht unter der Haut. Sie kann beim Grönlandwal, der in der Nähe der Arktis lebt, bis zu 50 Zentimeter dick sein. Die Fettschicht wird Blubber genannt und damit kann ein Wal auch in sehr große Tiefen hinabtauchen, ohne dass ihm kalt wird.

Wusstest du, dass der Wal sein Nasenloch oben auf dem Kopf hat? Das hat sich so entwickelt, damit er nicht ganz auftauchen muss. Wale brauchen Luft zum Atmen wie wir Menschen auch. Den Sauerstoff können sie im gesamten Körper speichern, auch im Blut. Deshalb können sie sehr lange unter Wasser bleiben.

Allein die Zunge des Blauwals wiegt so viel wie ein Elefant.

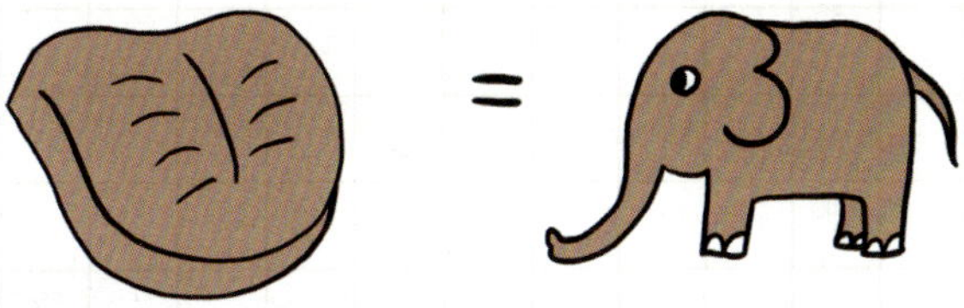

In tausend Meter Tiefe kommt kein Licht mehr an. Deshalb ist es in diesem Teil des Meeres absolut dunkel. Aber die Tiere, die dort leben, haben sich etwas Cleveres ausgedacht. Sie haben im Laufe der Zeit Lampen entwickelt oder können von selbst leuchten.
In der Dunkelzone und der Tiefsee gibt es sehr wenig Nahrung. Ihre Bewohner sind auf das angewiesen, was von oben heruntersinkt. Deshalb haben sie oft riesige Mäuler und dehnbare Mägen, damit sie möglichst viel auf einmal essen können. Fische in der Tiefsee haben sehr leichte Knochen und keine Schwimmblase.

Wusstest du, dass manche Tiere ihr eigenes Licht erzeugen können? Das nennt man Biolumineszenz. Sie machen das entweder selbst mit einem Stoff namens Luciferin, der sich umwandelt und dann Licht abgibt. Oder sie nutzen Bakterien dafür, die das Gleiche machen.

Ein Fisch, der leuchten kann, ist der Tiefsee-Anglerfisch. Er hat eine Angel am Kopf mit einem leuchtenden Köder darin. Das Licht scheint blau und wird von Bakterien erzeugt.
Doppelanglerfische sind eine Familie der Tiefsee-Anglerfische.
Der Doppelanglerfisch hat eine zur Angel umgewandelte Rückenflosse. Wenn ein Beutetier vorbeikommt, kann der Fisch mit seinen spitzen, gebogenen Zähnen zuschnappen.
Beim Glaskopffisch aus der Familie der Gespensterfische sind die Augen nach oben gerichtet. Damit kann er erkennen, wenn Nahrung herabsinkt.

Im Meer gibt es auch Wiesen und Wälder. Unglaublich, oder?
Die Wiesen im Meer bestehen aus Seegras. Dort leben sehr große Säugetiere, die wie Kühe die Wiesen abweiden. Daher haben sie auch ihren Namen bekommen. Seekühe. Sie sind aber gar nicht mit Kühen verwandt, sondern eher mit Elefanten. Sie können bis zu vier Meter lang werden und fressen täglich große Mengen an Seegras, können aber auch längere Zeit ohne Nahrung auskommen. Seekühe leben immer in warmem Wasser und tauchen fast einmal pro Minute zum Atmen auf. Ansonsten bewegen sie sich sehr langsam und gelten als überaus friedliche Tiere.

Seekuh

Wusstest du, dass Seekühe sich durch das Aussenden von Geruchs- und Geschmacksteilchen unterhalten können?
Außerdem haben früher manche Seefahrer gedacht, dass Seekühe im Wasser schwimmende Frauen sind. So entstand die Legende von den Seejungfrauen.

An den Küsten von Nordamerika gibt es die Kelpwälder. Diese Wälder bestehen aus Seetang, der bis zu siebzig Meter hoch werden kann. Der Tang ist im Boden verankert und in den Spitzen befinden sich Luftblasen, welche die Äste nach oben ans Licht heben. Dort gibt es Seehunde oder Seelöwen. Diese beiden Tiere gehören zu den Robben. Sie können auch an Land leben und sich mit ihren Hinterflossen fortbewegen.

Seehunde können im Wasser bis zu 35 Kilometer pro Stunde schnell werden. An Land bewegen sie sich dagegen so langsam wie eine Raupe, weil sie die Hinterflossen nicht drehen können. Seelöwen hingegen können die Hinterflossen drehen und dadurch sehr schnell laufen.

Leider sind die Meere inzwischen sehr verschmutzt und durch den Klimawandel wärmer geworden. Deshalb können viele Tiere nicht mehr so gut darin leben und manche sind vom Aussterben bedroht. Schildkröten finden keinen Platz mehr zum Eierablegen, weil die Strände zu sehr bebaut sind oder es zu viel Licht gibt. Sie können sich außerdem in Fischernetzen verfangen. Sehr oft fressen sie auch Plastiktüten, weil sie diese mit Fischen verwechseln. Dann ist ihr Magen voll und sie verhungern, weil keine Nahrung mehr hineinpasst.
Es gibt aber auch gute Nachrichten. Die australischen Buckelwale zum Beispiel sind nicht mehr vom Aussterben bedroht. Die Länder der Welt haben vor über dreißig Jahren gemeinsam beschlossen, dass Wale nicht mehr so viel gejagt werden dürfen. Deshalb gibt es jetzt wieder 40 000 statt nur wenige hunderte Buckelwale wie in den 1960er Jahren.

Um das Aussterben der Tiere zu verhindern, sind solche Fangverbote eine gute Möglichkeit. Aber auch du selbst kannst etwas tun, indem du weniger Plastikverpackungen benutzt. Und auch wenn sie noch so schön sind, bring dir bitte keine getrockneten Seepferdchen oder Schildkrötenschmuck aus dem Urlaub mit.

Tiefseeebene → 6000 m

Die Meere, vor allem die Ozeane, sind bis zu 6000 Meter tief. An manchen Stellen sind sie sogar noch viel tiefer. Je tiefer es geht, desto kälter wird das Wasser. Die Meere sind in verschiedene Schichten eingeteilt, in denen unterschiedliche Tiere leben. Manche bewegen sich aber auch durch mehrere Zonen. Man teilt das Meer von oben nach unten ein in:

Lichtreiche Zone: reicht bis in 200 Meter Tiefe
Dämmerungszone: reicht von 200 bis 1000 Meter Tiefe
Dunkelzone: reicht von 1000 bis 4000 Meter Tiefe
Tiefseeebene: reicht von 4000 bis 6000 Meter Tiefe

Nun hast du jede Menge über die Wunder der Meere erfahren. Vielleicht findest du am Strand ja auch mal einen Seestern oder beobachtest Schildkröten bei ihrer Wanderung zum Meer.

Constanze Guhr ist in Leipzig aufgewachsen, lebt aber seit über 25 Jahren in Berlin. Hier hat sie studiert, zwei Jahre ein Kunstprojekt in einer alten Gaststätte betrieben, dreimal die Wohnung gewechselt, ein Kind bekommen, ein Atelier mitgegründet und sich Ideen für Bücher ausgedacht und umgesetzt. Seit 2004 arbeitet sie als selbstständige Illustratorin im Gemeinschaftsatelier »petit4« und wohnt am Stadtrand im Grünen gegenüber von einem See. Vielleicht hat sie da die Idee zu ihrem Meereswunderbuch bekommen? Jedenfalls sammelt sie die Wunder dieser Welt, ob es nun im Wald, am See oder im Meer ist.

1. Auflage 2024
Text, Bilder und Covergestaltung: Constanze Guhr
Druck: Grafisches Centrum Cuno GmbH & Co. KG, Calbe
ISBN 978-3-86429-617-8

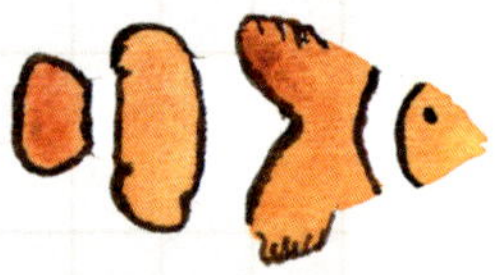